Im Jahre 1730 beschloß der Abt des Prämonstratenser-
klosters Steingaden, Hyazinth Gassner, die »an vielen
Orten Teutschlands gewohnliche« Karfreitagsprozession
in seiner Hofmark einzuführen. Dabei sollten verschiedene »Geheimnisse« der Passion Christi, Darstellungen
seiner Leidensstationen, mitgeführt werden, darunter
eine der Geißelung. Pater Magnus Straub und der Klo-
stermaler Lukas Schwaiger schufen die Figur, setzten sie
aus vorgefundenen Teilen zusammen, überzogen sie mit
Leinwand, faßten sie mit Ölfarbe. Das spätere Gnadenbild war kein schönes Kunstwerk, wenn man von dem
ausdrucksvollen Kopf und den Händen absieht. Die
ganze Figur ist 1,28 m groß, echtes Haupt- und Barthaar
geben ihr ein realistisches, gar abstoßendes Aussehen.
Eusebius Amort verfaßte später beim Anblick des Gnadenbildes ein lateinisches Distichon, das P. Magnus so
übersetzte: »Warum des Haupts Gestalt die Glieder nicht
erreichen? Uns Glieder macht die Sünd von Gott dem
Haupt abweichen.« – In Oberbayern und Tirol war im
18. Jahrhundert die Verehrung der Passion Christi weit
verbreitet, insbesondere die der Geheimen Leiden, die
Christus im Haus des Hohepriesters Kaiphas in der
Nacht vor dem Karfreitag erduldete. In der Diözese
Augsburg stand ein franziskanisches Andachtsbild des
blaugewandeten Christus an der Geißelsäule mit Dor-
nenkrone und Schulterwunde in vielen Kirchen; ein
besonders verehrtes auch in der zu Steingaden gehörigen
Wallfahrtskirche Ilgen. Ein anderes Andachtsbild stellt
Christus an der Geißelsäule mit einem geschlungenen
Lendentuch dar. Im späteren Gnadenbild sind beide
Traditionen vereint: Die dunkle Nische verweist auf den
Kerker im Palast des Kaiphas, die niedere Säule und das
Lendentuch auf die Geißelung vor Pilatus. Beide Szenen
werden verbunden durch die Kette um den Hals, denn »an
einer Kette um den Hals«, so berichtet eine Tradition seit
dem 8. Jahrhundert, »wurde Christus von Kaiphas zu
Pilatus gezerrt«. Der Knoten im Lendentuch des Wiesheilands ist der Prämonstratenserknoten. Dieser Knoten,
die Oberarmschellen und die Haltung der Hände erlauben
es, die Kopien des Wiesheilandes genau zu identifizieren. 4

Die Wies – eigentlich die Wallfahrtskirche zum Gegeißelten Heiland auf der Wies – ist für viele der Inbegriff
des Bayerischen Rokoko, die schönste der Kirchen im
Pfaffenwinkel, das ist »die ganze Gegend vor dem
Gebirg, die ehmals mehr als andere mit Klöstern des
ersten Ranges gesegnet war« (Schmeller, II, 960). Die
Kirche ist heute Ziel von mehr als einer Million Menschen im Jahr, von Touristen, Kunstfreunden und Gläubigen. In der zweiten Hälfte des 18. Jahrhunderts kamen
Tausende von Wallfahrern aus ganz Europa zum Mittelpunkt der wohl größten im 18. Jahrhundert entstandenen
Wallfahrt; sie hat über hundert Kirchen, Kapellen und
Altäre als »Sekundärwallfahrten« entstehen lassen, und
von ihrem Gnadenbild sind über 1500 Kopien an anderen
Orten bekannt. Die Säkularisation wollte die Wieskirche
nach 1803 abreißen lassen; die Bauern von Fronreiten
retteten die Kirche und »ihr Wiesherrle« und sorgten für
das Gotteshaus, bis der Staat die Baulast übernahm. Nur
die Wallfahrer kannten sie im 19. Jahrhundert noch und
kamen auf den alten Pilgerwegen aus den vier Himmelsrichtungen. »Wie kommt denn so ein Ding mutter-
seelenallein in die Einöd?«, konnte Joseph Hofmiller,
einer der Entdecker der Wies als Kunstwerk, 1917 noch
fragen, als er die Kirche mit dem Fernglas vom Hohen-
peißenberg aus zum erstenmal inmitten ihrer Wiese lie-
gen sah. Sie kam in die einstige Einöde, weil sich hier im
Jahre 1738 ein Tränenwunder ereignete und der Ort zu
einem Gnadenort wurde. Als Rahmen für ein künstlerisch bedeutungsloses Bild eines Christus an der Geißelsäule entstand in den Jahren 1745 bis 1757 ein (Unesco-)
Weltkunstwerk. Von weither sichtbar liegt die Kirche
inmitten ihrer Wiese auf 870 m Höhe auf einem kleinen
Hügel vor dem Hohen Trauchberg, dessen Umriß die
Linie des Kirchendachs folgt (eher funktional bedingt als
absichtlich). Die Außenansicht ergibt sich aus der Baugeschichte und aus Zimmermanns Gestaltung des Raumes
im Innern: Der hohe Zentralraum ist als zweiter Bauab-
schnitt angefügt worden. Der Bau ist auf Fernsicht aus
den vier Himmelsrichtungen angelegt: Wenn der Pilger
aus dem Wald tritt, erblickt er das Ziel seiner Wallfahrt.

Der Blick auf die Kirche von Südwesten ist wohl am schönsten. Er vermittelt noch etwas von der einstigen Ruhe, weil man die Auto- und Menschenschlangen nicht sieht, aber auch, weil sich von hier der Baukörper am besten überblicken läßt und das Aprikosenrosa der Fassadenfassung von 1990 im Abendlicht aufs schönste mit dem Himmel und den Bäumen harmoniert. Als sich das Kloster zögernd zum Bau der heutigen Wieskirche entschloß, kalkulierte man auch einen Rückgang der Zahl der Wallfahrer ein, mit deren Opfer ja die Kirche erbaut werden sollte. Dominikus Zimmermann erhielt deshalb den Auftrag, eine Kirche zu entwerfen, von der zunächst nur der Chor gebaut werden sollte, und die mit Priesterhaus, Turm und Vorzeichen zu einer »proportionierten Kirchen hergestöhlt werdten khönte« (Bauantrag des Abtes vom 7. 12. 1745). Der hohe Zentralraum ist als zweite Bauphase angefügt worden. Es ist eine außerordentliche Leistung des Baumeisters, die beiden Bauphasen außen und innen harmonisch verbunden zu haben. Das Äußere zeigt ein unauffälliges Gleichgewicht von horizontaler und vertikaler Gliederung (vgl. Umschlagseite I). Die Fenster sind das wichtigste Gestaltungselement. Den vier Achsen des Priesterhauses entsprechen die des Chores. Am Zentralbau werden Fenster zu Einheiten zusammengefaßt, die durch eine zurückhaltende Scheinarchitektur unterstrichen werden. Die Fenster bilden zugleich horizontale Bänder, die Kirche und Priesterhaus zu einer optischen Einheit werden lassen. Der obere Teil des unten quadratischen Turmes ist durch geschwungene Gebälkstücke abgesetzt; seine Kanten sind gebrochen, was reizvolle Lichteffekte ergibt. Die Höhe des Turmes ist genau auf Priesterhaus und Chor bezogen, für die ganze Kirche ist er zu klein. Die Eingangshalle (»Vorzeichen«) hebt mit ihrem First das hohe Dach des Zentralraumes hervor, das eine nicht vorhandene Kuppel im Inneren erwarten läßt. Die Übergänge zwischen den einzelnen Teilen der Außenwand sind durch vertikale Elemente gegliedert oder verschleiert. Zwei weitere Säulen grenzen die eigentliche Westfassade ab und betonen mit ihrem weißen Sockel zugleich die Seiteneingänge. 2

Eine Prozessionsfigur kann man »konstruieren«, ein Andachtsbild wie den gewandeten Christus kann man systematisch einführen; ein Gnadenbild verlangt die Gnade, vielleicht das Wunder. Maria Lori aus Ursprung bei Steingaden war die Bäuerin des kleinen Hofes »in der Wies«. Wies ist ein in Bayern häufiger Flurname; die oft anzutreffende Erklärung, daß Wiesheiland von einem mittelhochdeutschen *wize*, Pein, und nicht vom Wiesbauern abzuleiten sei, ist historisch falsch und sprachgeschichtlich nicht zu halten. Das spätere Gnadenbild war wegen seines geringen Aussehens nur zweimal in der Prozession mitgeführt worden. Im Mai 1738 erbat sich Maria Lori die abgestellte Figur, um sie zu ihrer persönlichen Andacht in ihre Schlafkammer zu stellen. Am 14. Juni, einem Samstagabend, verspürte sie beim Abendgebet »einige Tropfen in dem Angesicht der Bildnus, welche sie für Zäher (Tränen) hielt«. Sie wußte sich vor Schrecken nicht zu raten und zeigte die Sache dem Herrn Prälaten in Steingaden an. Dem Kloster war mitten in der Aufklärung das Tränenwunder unangenehm. Noch unangenehmer war die ungeordnete Verehrung der Christusfigur, die sich bald einstellte. Das Kloster überbrückte durch seine vorsichtige Förderung der Wallfahrt den Gegensatz von Volksfrömmigkeit und Aufklärung. Eine bischöfliche Kommission untersuchte im Jahre 1745 die Entstehung und rasche Ausbreitung der Wallfahrt. Der bedeutende Theologe Eusebius Amort aus Polling empfahl, daß die Wallfahrt als eine Christuswallfahrt »zu befördern« sei. – Das Bild zeigt Maria Lori in ihrem Festtagsgewand mit weißer Schleierhaube, die mit schwarzer Spitze besetzt und mit Filigrannadeln festgesteckt ist. Über dem feinen, weißen Halskittel aus Spitzen trägt sie den damals weit verbreiteten schwarzen Halsflor mit breiter Filigranschnalle. Die Wirklichkeitsnähe ist durch ein späteres Porträt (Privatbesitz) gesichert. Das Siegel des Klosters mit dem Wiesheiland weist das Bild als zeitgenössisch aus. Im Hintergrund links der Wieshof; rechts bringen Bauer und Bäuerin das Gnadenbild in die neuerbaute kleine Kapelle. In der Hand hält Maria Lori einen frühen Kupferstich des Wiesheilands. 6

Porträt der Maria Lori im Museum (um 1745)

Nachdem der Wiesheiland in die kleine Kapelle übertragen worden war und besonders, als ab 1744 Messen gelesen werden durften, breitete sich der Ruf der neuen Wallfahrt mit unvergleichlicher Geschwindigkeit aus. 1744 wurde ein erster Bericht über das Wunder in der Wies gedruckt, im selben Jahr folgte ein erstes Büchlein. Bald wurden an anderen Orten Wieskapellen errichtet (u. a. Moosbach/Oberpfalz und Wies bei Freising). Über hundert verschiedene Kupferstiche aus dem 18. Jahrhundert zeugen von der Bedeutung der Wallfahrt. Einige Tuschvorzeichnungen für solche Stiche haben sich erhalten und müssen, wie realistische Details zeigen, in der Wies entstanden sein. Der Kupferstich von 1749 zeigt einerseits noch die einfache Rundbogennische, in der die Figur in der Kapelle stand, andererseits weist der Bilderkranz bereits auf die kleinen Fresken über dem Chorumgang der Kirche hin, in denen die wichtigsten Gnaden des Wiesheilands dargestellt werden. In einem ähnlichen Kupferstich von 1748 heißt es in den Kartuschen: »Ich bin auf der Wiss/Allen alles worden/und gibe denen/ Blinden das Gesicht, Stummen die Red, Tauben das Gehör, Krumpen die geraden Glüder...« Der Kupferstich ist ein wichtiges Zeugnis für die Baugeschichte. Im Frühsommer 1745 wurde mit dem Bau begonnen (ohne kurfürstliche und bischöfliche Genehmigung!), im Sommer 1749 war der Chor »mit all möglicher Verzierung zu vollkommenem Stande gelanget«; am Schutzengelfest, dem 31. August, wurde das Gnadenbild auf den neuen Gnadenaltar übertragen mit einer großen Barockprozession, die im Übertragungsbild (Original im Museum) festgehalten wurde: »Unter dem Schall von zwölf in drei Chör abgetheilte Trompeter, unter Absingung geistlicher Hymnen, und Losprennung der Pölleren...«, und der Zulauf des Volkes war so außerordentlich, daß man zwölf- bis fünfzehntausend Leute zählte. Der Kupferstich zeigt den zur Pilgerherberge ausgebauten Wieshof, dahinter den neuen Bauernhof, der 1910 abbrannte. Links im Bild sieht man das fertige Priesterhaus und den Chor; der Turm ist noch im Bau (Kran!). Zu sehen sind auch die Bauhütte und der Devotionalienstand. 8

Wahre Abbildung der Gnadenreichen
Statue des Gegeißelt Heilandts in
der Wüß bey dem Closter Steingaden
Ord: Praemonst: Ober Laidts
Bayrn

Man betritt die Kirche durch die süd- oder nordwestliche Tür, die Endpunkte der alten Pilgerwege. Das Hauptportal im Westen wird nur für den feierlichen Einzug der Priester und die Prozession am Schutzengel- und Bruderschaftsfest geöffnet. Die Fassade ist heute zugewachsen und zugebaut, so daß ihre schlichte Schönheit kaum zu sehen ist. Das Vorzeichen ist nicht sehr hell, denn die hohen Fenster über den Eingangstüren geben ihr Licht der Orgelempore und dem Gemeinderaum. Innen fällt der Blick auf zwei große Sammelvotivbilder aus der Erbauungszeit (wohl von B. Ramis; Originale im Museum). Sie hängen zu beiden Seiten der Stufen, die zum Gemeinderaum hinaufführen. Dieser wurde erst nach dem Zweiten Weltkrieg durch eine Tür abgeschlossen; früher leuchtete der Innenraum dem Wallfahrer entgegen, sobald er sich nach Osten wandte, und sein Blick wurde von der dunklen Nische des Wiesheilands gefangen. – Schon der erste Eindruck vermittelt das grundsätzliche Raumerlebnis, auch wenn das Programm der Kirche im einzelnen noch nicht zu erkennen ist. An einen Zentralraum (Länge 30 m, Breite zwischen den Pfeilern 17 m) schließt ein Chor an (Länge 20 m). Kanzel und Abtloge und das Wappen im Scheitel des Chorbogens bilden sein Portal; die Fluchtlinien des Gestühls lenken den Blick auf die Mitte der Kirche, das Gnadenbild. Die Fülle des Lichts im Zentralraum und die meist diffuse Helligkeit im Chor wird durch Zimmermanns geniale Wandkonstruktion erreicht. Keine schwere Mauer begrenzt den Raum, sondern eine »Lichtschale« aus differenzierten Helligkeitswerten umfängt die Gemeinde. Die Fenster des Chorraumes sind nicht zu sehen. Die Farben tragen dazu bei, den Blick auf den Gnadenaltar hinzuführen. Vermutlich bildeten auch die Votivtafeln, die einst einen großen Teil der äußeren Wandfläche bedeckten (sie wurden 1833 verbrannt), als dunkles Band eine von Dominikus Zimmermann einkalkulierte Farbwirkung. So werden die Wallfahrer ganz auf das für jeden sichtbare Gnadenbild hin orientiert, das aber durch den langgestreckten Chor zugleich distanziert bleibt, als ein mehrfach gerahmtes Bild zur Meditation einlädt.

Blick vom Eingang auf den Hochaltar

10

Blickt man unter der Empore nach rechts und links, wird die architektonische Struktur des Gemeinderaums faßbar: Zwischen äußere Kreissegmente im Osten und Westen fügte Dominikus Zimmermann ein querstehendes Rechteck ein, an dessen Schmalseiten im Süden und Norden die Seitenaltäre stehen. Im Abstand von drei Metern sind der Außenwand acht Pfeilerpaare vorgesetzt, die mit ihr und untereinander durch Bögen verbunden sind. Das Gestühl ist in vier Sektoren geteilt, mit breiten, ein Kreuz bildenden Gängen. Die Stellung der Pfeiler vermittelt dem Auge den Eindruck eines durchgehenden Ovals, das auch durch die leicht geschwungene Stufe angedeutet wird, die am ersten Pfeilerpaar beginnt und eine Art »Umgang« entstehen läßt. Dieser setzt sich im Chor fort und erlaubte vermutlich ursprünglich durch die Einbeziehung der Sakristei ein auch bei vielen anderen Wallfahrten übliches Umschreiten des Gnadenbildes. Die Seitenaltäre ziehen den Blick zunächst nicht auf sich, sollen ihn nicht vom Gnadenbild ablenken. Sie haben – wie es Ablässe und der erhaltene liturgische Kalender des 18. Jahrhunderts ausweisen – ihre speziellen geistlichen Funktionen. Dominikus Zimmermann hat deshalb auch zwei weitere Altäre, die neben dem Chorbogen stehen sollten, aus seinem Entwurf gestrichen. Einen besonderen Anteil an der Gesamtwirkung sowohl der Führung des Blicks als auch des Lichts zu jeder Tageszeit haben die »Pfeiler« und die ihnen an der Außenwand entsprechenden flachen Risalite. Diese Pfeiler sind eigentlich weder Pfeiler noch Säulen. Ihr »Fuß« dient jeweils zwei Säulen, die zugleich konkav und konvex sind. Ihre Schlankheit in Verbindung mit den lichtfangenden, vorgezogenen Kanten betont die Vertikale, und ihre raffinierte Wölbung führt zuweilen zu einer Umkehrung von Licht und Schatten, so daß die dem Fenster fernere Fläche die hellere sein kann. Über den Kapitellen verbinden sich die Säulen; auf reich profilierten Gesimsen bauen sich die Bögen auf; in den entstehenden Zwickeln finden sich Kartuschen, in denen mit zarter Grisaillemalerei die Seligpreisungen dargestellt sind; sie sind der Übergang zum großen Deckenfresko. 12

In der »phantasievollen Mannigfaltigkeit liegt der höchste Reiz südbayerischer Rokokoaltarkunst« (R. Hoffmann), und eine der ästhetisch gelungensten und zugleich theologisch eindrucksvollsten Lösungen ist der Altarraum der Wies, in dem Raum, Altar, Form und Bedeutung so vollkommen integriert sind, daß eine Beschreibung nur andeuten kann, wie das Werk zu »lesen« ist. Die Einheit entsteht aus der raffinierten Verbindung architektonischer und malerischer Elemente und aus der Wirkung von Farbe und Licht. Der Chorbogen bildet den Gesamtrahmen für eine doppelstöckige Anlage, wie sie auch in anderen Wallfahrtskirchen (Andechs, Vilgertshofen) zu finden ist. Die Altarsäulen tragen in einer Art Auszug das Lamm der Apokalypse, das auf dem Buch mit den sieben Siegeln steht (Offb 6,1), Hinweis zugleich auf die Eucharistie und Christi Opfertod. Darüber verbindet ein Baldachin (Neufassung 1989/90 durch St. Cafaggi) als Herrschaftszeichen den Altaraufbau mit dem Chorfresko. Durch den Säulenrahmen blickt man auf das Hochaltarbild von Balthasar Albrecht (Hofmaler in München, 1687–1765): Es zeigt Christus inmitten der Heiligen Sippe, Maria und Josef, Joachim und Anna, Zacharias, Elisabeth und Johannes den Täufer. Die Mensa des oberen Altars ist durch den unteren verdeckt, so daß beide als Einheit wirken. Sie sind zudem durch eine »Aedicula« verbunden, eine giebelgekrönte Rahmung, deren helles Deckenfresko anbetende Engel zeigt; für den Betrachter im Chor ist das Lamm in diese Himmelsdarstellung integriert (Bauer/Rupprecht). Der Gnadenaltar wird bekrönt vom Pelikan, einem der frühesten Christussymbole, soll er sich doch die eigene Brust aufreißen und mit dem eigenen Blut seine Kinder nähren. Die vollkommene Verbindung von Altar und Gebäude ist an den Säulen abzulesen: Die letzte Chorsäule ist zugleich die erste des Altaraufbaus, nur durch ihre Farbe unterschieden. Das Rot ist die Farbe des Opfers und deshalb die Hauptfarbe des Altars. Das Blau als Farbe der Erlösung findet sich an den Stuckmarmorsäulen des Chores, im Fresko, aber auch im Baldachin des Altars. Formen und Farben erweisen sich als genau durchdacht. 14

Eine Entwurfzeichnung für die Gestaltung der Südwand des Chores (Museum Weilheim) gibt die seltene Möglichkeit, den Weg von der Idee zur endgültigen Form zu verfolgen. Die Zeichnung wird von einigen Dominikus Zimmermann selbst, von anderen seinem Bruder Johann Baptist zugeschrieben. Auf jeden Fall ist der Chor ein Beispiel für die kreative Zusammenarbeit der Brüder. Das letzte große Werk Zimmermanns zeigt noch einmal seine Herkunft aus dem Handwerk eines »Stuccador«, wie er sich in der Emporeninschrift in Steinhausen noch nannte. Dazu gehört der Umgang mit Oberflächeneffekten, Farbwirkungen und dem Problem des Ornaments und der Dekoration überhaupt. Im Chor der Wies ist die Wand, zu der die eigentliche Außenwand und der Umgang gehören, fast in malerische Dekoration aufgelöst. Die Säulen des oberen Umgangs stehen auf einem Sockel, der zugleich Arkade für den unteren ist. Das wichtigste Gliederungselement sind die Säulen, Basen, Pilaster und Felder aus perfektem Stuckmarmor. Stuckmarmor wurde ja nicht als billiger Marmorersatz verwendet, sondern weil er leichter war und die gewünschten Farbeffekte erlaubte. Zu den symbolischen Grundfarben Blau und Rot treten im Chor noch dunklere auberginefarbene und graubläuliche Töne an den Sockeln der Altarsäulen, zwischen den Arkadenbögen und an den kaum vorspringenden Pilastern der äußeren Wand, insgesamt ein Hinaufsteigen zum hellen Gold des Chorfreskos. Meisterhafte Werke der Schmiedekunst sind die vier erhaltenen Gitter, mit denen der Umgang abgeschlossen wird. Ein Rautenmuster an den Gittern oder die lachenden Tiermasken an den Brüstungen, die von unten kaum zu erkennen sind, zeigen die Liebe Zimmermanns zum kleinsten Detail, und eine einfachere Goldfassung über einer reicheren an den Säulenbasen des Altars, die bei der Restaurierung festgestellt wurde, beweist, wie noch während der Arbeit jedes Element auf seinen Beitrag zur Gesamtwirkung hin überprüft wurde. Ähnlich hat Johann Baptist Zimmermann im Hauptfresko das rechte Kapitell am Tor der Ewigkeit nicht ausgemalt, und der unbemalte Freskogrund erscheint von unten als ziehende Wolke.

16

Das Detailbild aus dem Altaraufbau läßt besonders im Vergleich mit dem Gesamtbild erkennen, wie die Elemente zur Wirkung des Ganzen beitragen. Was von der Ferne als Rahmung des Hochaltars erscheint, ist von der Nähe gesehen eine Gruppe von vier Stuckmarmorsäulen, die unten den Hintergrund für die Altarfiguren bilden (hier Markus und Johannes). Die vorderste Säule trägt über dem reichen Kompositkapitell nur einen Engel, der den großen stuckierten Brokatvorhang hält, der zwischen den Säulen in tiefen Falten herabfällt. Die rechte Säule trägt die Ansätze der Bögen der Altaraedicula, und die linke ist der Anfang der »Wand«, die sich zum Fresko hinaufwölbt und unten aus hängenden Zwickeln besteht, die Durchblicke, sogenannte »Oculi« (Augen), erzeugen. Eine Entscheidung, wo Architektur im traditionellen Sinne beginnt, ist hier nicht mehr möglich. Die starke Marmorierung, also die Versetzung mit andersfarbiger Stuckmasse, nimmt der Farbe alles Heftige und Bunte. Der Künstler kann mit seiner Farbmischung beim Stuckmarmor besonders gut Akzente setzen. Auf dem glänzenden Stuckmarmor und dem Gold spielt das vielfach reflektierte Licht, zu dem – je nach Sonnenstand – zusätzliche Spitzlichter treten können, die schnell über die Ornamente und Figuren wandern und den Eindruck vom Fehlen größerer einheitlicher Wand- und Farbflächen verstärken. Dominikus Zimmermann hat die Wirkung des Lichtes und der Sonne genau kalkuliert (Lamb; Lampl). Es sind nicht nur die großen Fensterflächen, sondern noch mehr die Teilungen, Abschrägungen und Wölbungen und die Pfeiler vor der Wand, die das Licht immer wieder zurückwerfen und die Wies wohl zur hellsten Kirche ihrer Zeit überhaupt machen. Die Stuckdekoration läßt durch die Fülle ihrer Formen keine erschöpfende Aufzählung zu, und schon gar nicht das Auffinden von einigen wenigen zugrundeliegenden und gar symmetrischen Ornamenten wie beim frühen Wessobrunner Modelstuck oder auch beim Bandelwerk, mit dem Dominikus Zimmermann z. B. in Maria Mödingen die Flächen überspielte. Keines der Elemente gewinnt ein Eigenleben wie bei Zimmermanns Pflanzen und Tieren in Steinhausen.

Am eigentlichen Gnadenaltar der Wies lenkt keine weitere Figur vom Gnadenbild ab; die vier Putten tragen keine Attribute. Im oberen Stockwerk des Altars wird das christologische Programm des Altars (Christus, Pelikan, Lamm) durch die vier überlebensgroßen Figuren der Evangelisten und hinter ihnen die Figuren der Propheten Jesaja und Malachias ergänzt, kommentiert und zugleich zu einer Einheit verbunden. Die Figuren der Evangelisten sind auf Untersicht aus dem Chor konzipiert; wie in Nischen stehen sie zwischen den drei roten Altarsäulen; die vierte ist als Hintergrund dunkler gehalten. Die Figuren sind hier nicht mehr selbständige Akteure wie auf einem Asamschen Bühnenaltar, sondern sie kommentieren eher das Geschehen durch die Texte der Schrift, die sie vorweisen, aber auch durch ihre Haltung und ihre Gebärde. Die Evangelisten, links Markus und Johannes, rechts Lukas und Matthäus, sind paarweise miteinander verbunden durch die Bewegung des Körpers und ihre unterschiedliche Blickrichtung: hinauf zum Lamm Gottes bei Lukas und Markus, zur Figur des Gegeißelten bei Matthäus und Johannes. Die Figuren sind weiß gefaßt, nur die Augenpunkte sind hellgrau und schwarz eingezeichnet, die Attribute und die Evangelienbücher sind vergoldet. Die Bücher mit ihren gewellten Seiten und Eselsohren zeigen die Kunst des Schnitzers und des Vergolders; der Realismus im Detail des Buches verbindet sich mit einer durch die Vergoldung betonten abstrahierenden Reduktion auf die entscheidenden Textstellen des Evangeliums, in denen von der Geißelung Jesu berichtet wird: »Iesum autem flagellatum tradidit eis« (»Er übergab ihnen aber den gegeißelten Jesus«; Mt 27,26) und »Iesum autem tradidit voluntati eorum« (»Jesus aber übergab er ihrem Willen«; Lk 23,24). Das Attribut – hier der Stier des Lukas und der Engel des Matthäus – und das Buch sind bei jeder Figur anders angeordnet; alles ist auf bildhafte Wirkung abgestimmt. Auch die fließenden Gewänder lassen keine harten Umrißlinien aufkommen, die den Figuren zu großes Eigengewicht geben würden. Trotzdem hat jede Figur ihre Individualität, und die Betroffenheit durch das Geschehen wird recht deutlich.

Die Altarfiguren gehören zu den Spätwerken von Ägidius Verhelst (1696 in Antwerpen geboren, 1749 in Augsburg gestorben). Der Künstler lernte in seiner Heimat, in Frankreich und am Münchner Hof, bevor er sich in Augsburg als zunftbefreiter Bildhauer selbständig machte. Die guten Beziehungen des Klosters Steingaden zu den Augsburger Künstlern, die damals auf der Höhe ihres Ruhmes standen, sind mehrfach belegt. Der Akademiedirektor Bergmüller arbeitete in Steingaden und in der Wies, und zahlreiche der besten Kupferstiche des Wiesheilands und ihre Vorzeichnungen stammen von Augsburgern. Das Interesse Verhelsts galt vor allem der Einzelfigur und nicht dem Altar oder der Dekoration insgesamt. Die Eingliederung der Wiesfiguren in das Gesamtwerk ist hervorragend gelungen und setzt Anwesenheit am Ort und wohl auch eingehende Diskussion mit den Entwerfern des Programms und des Altars, P. Magnus Straub und Dominikus Zimmermann, voraus, sind doch Größe, Haltung und Gebärden geradezu zentimetergenau aufeinander und auf das gesamte Ensemble abgestimmt. Die beiden Propheten deuten auf das künftige Geschehen, und mit Text und Gebärde verbinden sie das Altarbild mit der Erzählung der Evangelisten und dem Geschehen im Gnadenaltar. Malachias blickt hinauf zum Lamm Gottes; er hat den Messias vorhergesagt (1, 11): »Mein Name soll herrlich werden unter den Völkern«. Jesaja verweist durch Gebärde und Schrift auf das Hochaltarbild mit der Heiligen Sippe und dem Christkind mit seinen zum Kreuz ausgestreckten Armen im Zentrum (53, 6–8): »Generationem eius quis enarrabit«: »Wen kümmert sein Geschick?«, oder: »Aber in seinem Geschlecht, wer mochte klagen?«. In allen Figuren Verhelsts ist eine höfische Zurückhaltung zu spüren. Distanz wird auch durch die reinweiße Fassung hergestellt, nur beim Gnadenbild findet sich realistisches Inkarnat. – Ägidius Verhelst hat die Vollendung der Wieskirche nicht mehr erlebt, ebensowenig wie Anton Sturm. Auch die anderen Künstler waren alt, sehr alt für ihre Zeit. Die abgeklärte Schönheit der Wies: hier haben die Meister in enger Zusammenarbeit die Summe ihres Lebens gezogen.

22

Das Fresko im Chor der Wies ist eines der schönsten Werke des kurfürstlichen Hofmalers Johann Baptist Zimmermann. Es ist 9 × 7 m groß und 16 m über dem Boden; gemalt ist es auf eine flache und damit gleichmäßig beleuchtete Tonne aus einer verputzten Lattenkonstruktion. Die Tiefenwirkung ergibt sich aus der Komposition und Farbgebung des Freskos. Kein geschlossener Rahmen umgibt das Fresko: In der Längsachse wird es vom blauen Baldachin des Gnadenaltars und einem entsprechenden Feld mit goldenem Gitter begrenzt, an den Seiten endet die Architektur des Chorumgangs in geschwungenen Gebälkstücken und dem hochzüngelnden Stuck der Durchblicke auf die Fresken des Umgangs. Der theologische Raum, um den es hier geht, wird um so deutlicher. Das Fresko wird an keiner Stelle an der Architektur festgemacht; es beginnt und lebt irgendwo hinter der Architektur und dem Stuck, denn sein Thema spielt in einem himmlischen Raum: Engel tragen die Arma Christi, die Leidenswerkzeuge, Gott Vater entgegen. Das Geschehen am Gnadenaltar wird hier thematisch fortgesetzt; die Verbindung mit dem Altarraum erfolgt durch die Farbe, denn das Blau und Rot der Säulen und des Baldachins ist vor allem im unteren, dunkleren Bildteil zu finden. – Die Arma Christi werden seit dem Mittelalter in mannigfacher Weise dargestellt als Majestätssymbole, auf Andachts- und Meditationsbildern oder als Rahmen von Passionsdarstellungen. Ihre Vielzahl und Vielgestaltigkeit erlaubt eine große Freiheit der Komposition. Johann Baptist Zimmermann nimmt hier die Lanze und das Schweißtuch der Veronika (rechts), die Geißelsäule (mit der Inschrift des Malers) und das Kreuz (links) als Hauptgegenstände der Gestaltung. Sie bilden ein sich nach oben öffnendes Dreieck, in dem Gottvater erscheint und links über ihm die Taube. Zusammen bilden sie mit dem Kreuztitel »INRI« das Dreieck der Dreifaltigkeit. Die anbetenden, schauenden, Arma-tragenden Engel sind auf eine spiegelverkehrte S-Kurve bezogen, die unten als dunkle Wolkenbank beginnt und zu immer helleren und goldenen Farben übergeht, vor denen die Gloriole der Heiligen Dreifaltigkeit leuchtet. 24

Die beiden großen Fresken werden durch das übrige Bildprogramm ergänzt. Im Umgang des Gemeinderaumes finden sich Szenen, die auf die Reue und die Vergebung der Sünden durch Jesus hinweisen, so vor allem über den Seitenaltären der reuige Schächer und die Verleumdung Petri gegenüber dem Altarblatt, das seine Reue zeigt. Die Bilder im Umgang des Chores sind wohl nicht auf ganz bestimmte in der Bibel berichtete Episoden bezogen. Sie stellen vielmehr in z. T. enger Entsprechung zu frühen Kupferstichen die Gnaden oder Guttaten des Wiesheilands dar. Die Heilung eines Lahmen zum Beispiel gehört zur »Hilf in den Füßen«, einem der längsten Kapitel der Gnadenbüchlein. Die Heilung eines Besessenen, die auf dem mittleren der nördlichen Fresken zu sehen ist, verdient die Aufmerksamkeit aus mehreren Gründen. Abnorme Geisteszustände waren für das 18. Jahrhundert noch nicht zu begreifen. Geisteskranke wurden weggesperrt oder lebten auf dem Land oft im Stall beim Vieh. Besessen war der Mensch vom Teufel, und in Gestalt kleiner Drachen fährt der Teufel auf dem Fresko aus dem Mund des Kranken, der festgehalten werden muß. Von Teufelsaustreibungen in der Wies wird in den ersten Jahren der Wallfahrt berichtet; der Aufklärer Eusebius Amort hat sie 1746 verboten, aber noch ein paar Jahre später beantragt P. Magnus Straub die Anerkennung der Heilung eines Besessenen als ein echtes Wunder. – Die kleinen Fresken sind vollständig nur vom oberen Umgang aus zu sehen, doch erscheinen sie von unten im Ausschnitt, gerahmt durch die Oculi, die mit ihren hängenden Bögen die Prinzipien der Architektur geradezu auf den Kopf stellen. Nur die Verwendung von Holz als Baumaterial, die bei den Säulenkapitellen beginnt, erlaubt in Verbindung mit dem Stuck so kühne Wandgestaltung. Die Lichteffekte sind durch Bemalung und Oberflächenbehandlung (Wellen, Aufrauhung) erhöht. Der Stuck dient dem ganzen und macht nicht auf sich selbst aufmerksam wie in älteren Barockkirchen. Die Perfektion geht so weit, daß die Vergoldung an den Rahmen in den Gurten unterschiedlich hell ist, um den Lichtabfall auszugleichen, den der Abstand vom Fenster bewirkt. 26

Die Verbindung der beiden Bauabschnitte ist nicht nur architektonisch gelungen. Auch das theologische Programm schließt den Chor und den Gemeinderaum zusammen; es entsteht ein Weg von der Passion bis zum Ende der Zeit, auf den sich der Wallfahrer begeben soll, indem er sein Leben auf das Ende hin lebt. Davon handelt das große Fresko des Gemeinderaums. Der christliche Wallfahrer kann in diesem Raum nicht Betrachter bleiben, der »nur« der Passion Christi beiwohnt und seine Gnaden und Guttaten in den Chorfresken erfährt, denn sein Auge fällt zugleich auf die »Parusie«, die Wiederkehr des Herrn als Weltenrichter in seiner Herrlichkeit (Mt 24, 30–31). Christus erscheint auf dem Regenbogen. Er weist auf das Kreuz und auf seine Herzwunde. Diese ist die genaue Mitte des Freskos, Schnittpunkt der Diagonalen zwischen den Chörlein senkrecht über dem Kreuz, das auf dem Kirchenboden von den Gängen gebildet wird. Das Dramatische des Augenblicks vor dem Jüngsten Gericht wird von J. B. Zimmermann durch Komposition und Farbgebung verdeutlicht. Christus ist die Mitte auf einer Längsachse, die den Richterthron und das Tor der Ewigkeit verbindet. Eine Querachse wird durch die Figurengruppen auf einer dunklen Wolkenbank angedeutet. Unter Christus sieht man die Erzengel, auf den Seiten die Apostel, und über ihm das verklärte Kreuz, auf das er hinaufweist. Johann Baptist Zimmermann hat hier einen himmlischen Raum gestaltet, der mit der Erde, dem Kirchenbau, nur durch die beiden gemalten Architekturelemente Thron und Tor verbunden ist. – Die Hervorhebung der Mitte, von Christus und Kreuz, geschieht auch durch die Farbe. Durch den Übergang zu immer helleren Tönen entsteht der Eindruck der großen Höhe einer Kuppel. In Wirklichkeit handelt es sich um eine dünne Latten-Stuck-Konstruktion, die am Dachstuhl aufgehängt ist. Sie wölbt sich über dem Gesims nur etwas mehr als vier Meter, so daß das Fresko mit seinen 22 Metern Länge und 17,5 Metern Breite nur eine Wölbung von zwei Metern hat und in seinem Mittelteil (Scheitelpunkt 20 m) flach ist, eine Meisterleistung des Baumeisters und seines Malerbruders Johann Baptist. 28

Der Richterthron und das Tor zur Ewigkeit sind die beiden Elemente des Hauptfreskos, an denen der Übergang von der Architektur zum Fresko besonders gut studiert werden kann. Beide sind illusionistisch gemalte dreidimensionale Gegenstände, die mit dem dreidimensionalen malerischen Stuckrahmen verbunden werden durch den blauen Baldachin, der unten von Putten gehalten wird, die – gemalt – auf den Gebälkstücken aus Stuck sitzen. Der linke Putto streckt freilich sein linkes Bein dreidimensional in den Raum, das einzige Beispiel eines solchen barocken »Witzes« in der Wies. Die Art der Darstellung weist auf die doppelte Bindung hin, in der Thron und Tor stehen. Sie gehören einerseits der realen Welt der Wallfahrer an, die vor diesem Thron stehen werden, durch dieses Tor in die Ewigkeit eingehen sollen: Der Wallfahrer ist ein notwendiger Teil des Programms. Andererseits gehören Thron und Tor zur Welt der Apokalypse, des Jüngsten Gerichts, einer Welt, die nicht mehr als zwei- oder dreidimensional gebaut, gemalt oder auch nur gedacht werden kann. Der Thron steht auf einem niederen Sockel, ist überwölbt von einer Aedicula, in der ein Lichttambour sichtbar wird. Über den Thron ist ein hermelinbesetzter blauer Königsmantel geworfen, den Putten arrangieren; er läßt zugleich die beiden Engel als Thronwärter hervortreten, in deren Büchern die Taten der Menschen verzeichnet sind. Das Schwert des Gerichtes ist über der Thronbank zu sehen und der Ölzweig der Gnade und Versöhnung. Die Symmetrie des Thronaufbaus wird durch den locker drapierten Königsmantel zugleich verschleiert und betont. – Wie in vielen Kirchen findet sich am Chorbogen das Wappen des Klosters und des regierenden Abtes Marianus Mayr, des Nachfolgers von Abt Hyazinth Gassner. Unter der Inful des Abtes und seinem Stab rechts das Klosterwappen, drei Pappeln und der steinerne Gaden (ursprünglich »Einraumhaus«); zum Wappen des Abtes (links) gehören der Greif, der Bär und die Taube. Ein Blumenband aus Stuck schwingt hinüber zu den Kartuschen mit der Darstellung der Seligpreisungen; das Blau und das Rot verbinden die Szene mit Chor und Altar und Chorfresko.

Die Kanzel und die Abtloge, ihr bescheideneres Gegenstück auf der rechten Seite des Chores, heben den Eingang zum Chorraum deutlich hervor. In drei Feldern – am Kanzelkorb, an der Abtloge und am Richterthron über dem Chorbogen – findet sich das Rot, das für den Altar so charakteristisch ist. »Wie ein Trompetenfortissimo auf das Ohr« wirke die Kanzel auf das Auge, schrieb 1908 Georg Dehio und meinte, daß sie »isoliert gedacht« unerträglich wäre. Entworfen hat sie sicher Dominikus Zimmermann, ausgeführt vermutlich einer seiner besten Mitarbeiter, nämlich Pontian Steinhauser. Zwei Würfel, Kanzelkorb und Schalldeckel laufen in spitze Dreiecke aus, hinauf zum Auge Gottes, das vor einem Spiegel angebracht und eigentlich Teil der Wand ist, hinunter zum Kanzelträger. Der dazwischenliegende offene Kubus ist der Aktionsraum für den barocken Prediger, dem Gestalt und Symbolik der Kanzel den rechten Rahmen bieten zum Verkünden der Pfingstbotschaft, die durch die Taube des Heiligen Geistes im Inneren des Schalldeckels und den vom Pfingststurm bewegten Baldachin als Hauptthema der Kanzel zu erkennen ist. Die Schrifttafel auf der Kanzeltür mahnt mit Jakobus (1,22): »Seid aber Täter des Worts und nicht Hörer allein.« Die Kanzel hat wie andere des späten Rokoko einen sich auflösenden Schalldeckel, der in zwei Stockwerken aus durchbrochenen Feldern zusammengesetzt ist und dessen Spiegel eine vielfache Brechung von Formen und Farben hervorrufen: Der Gesamteindruck wird etwas beeinträchtigt, weil der oberste Teil der Kanzel zwischen die Säulenkapitelle hineinragt und sich weder durch Form noch Farbe genügend abhebt. – Von dem bekrönenden Auge Gottes gehen goldene Strahlen aus und die feurigen Zungen, von denen die Apostelgeschichte« berichtet. Ein Putto hält die Gesetzestafeln und den Stab Moses; weitere sechs Putten lassen sich zu einer Umgrenzungslinie der ganzen Kanzel verbinden. Vier von ihnen haben die Attribute der abendländischen Kirchenväter bei sich. Ihre Stäbe entsprechen sich und die Krümmen der Bischofsstäbe passen ausgezeichnet zu den übrigen Voluten und C-Bögen der Kanzel. 32

An der Kanzel wird das für die Wies so charakteristische enge Ineinander von Form und Bedeutung besonders gut sichtbar. Die Hauptbedeutung »Pfingsten«, das Kommen des Heiligen Geistes, ist unstrittig. Motive, die sich auch an anderen Kanzeln finden, sind die Kirchenväter, die hier nur als Attribute der Putten erscheinen, und die allegorischen Figuren der Kardinaltugenden am Kanzelkorb: Der Glaube mit dem Kelch (Mitte), die Hoffnung mit dem Anker (links) und die Liebe mit dem Herzen (rechts). Die Spiegel dienen dem Spiel des Lichtes; die Brechungen, die sie hervorrufen, legen oft eine Deutung als Vergänglichkeitssymbol nahe. Das strömende Wasser am Kanzelkorb ist sicher symbolisch zu deuten. Leider ist seine Wirkung beeinträchtigt durch die Oxydierung, die durch Restaurieren nicht rückgängig gemacht werden kann. – Der Kanzelkorb wird von einer Halbfigur getragen, die hinter einer asymmetrischen, leeren Kartusche hervorwächst. Diese ist mit Palmetten geschmückt und rollt sich oben zu einer Schnecke, aus der wiederum ein C-Bogen hervorwächst. Darüber ist ein elegantes Tuch gelegt, das Gewand der Halbfigur, und darauf liegt eine Blumenranke aus vergoldetem Stuck, die zur kanzeltragenden linken Hand der Figur hinaufschwingt und auf der anderen Seite über ihren Unterarm herabfällt. Die Rechte hält einen phantasievoll geformten Pokal, dessen Form erst bei genauerem Hinschauen zu erkennen ist. Er setzt sich genau aus den C-Bögen zusammen, die auch sonst die Stuckarchitektur der Kanzel bestimmen. Rechts und links strömt Wasser, auch der Pokal fließt über vom Wasser des Lebens (Offb 21,6). Es entströmt dem Maul eines Delphins. Dieses Christussymbol legt es nahe, auch in den beiden Figuren unter dem Kanzelkorb Bedeutungsträger zu sehen. Trägt »Mutter Erde« die Kanzel? Vielleicht sollte man hier eher eine Weiterentwicklung der kanzeltragenden Engel sehen, die in Schwaben mehrfach anzutreffen sind. Und der kleine Putto? Ist es die menschliche Seele, der aus dem Wasser der Taufe und dem Heiligen Geist wiedergeborene Mensch (A. Satzger)? Jedenfalls ist er einer der schönsten der über dreihundert Putten und Engelsköpfchen, die in der Wies zu zählen sind. 34

Im Jahre 1295 wurden von Papst Bonifaz VIII. vier herausragende und bereits seit dem 8. Jahrhundert gemeinsam verehrte Theologen offiziell als die »lateinischen Kirchenväter« anerkannt. Es sind dies Ambrosius (gest. 397) mit dem Bienenkorb als Attribut, Hinweis auf den »himmlischen Honig seiner Rede«; Augustinus (gest. 430) mit dem flammenden Herzen (»unruhig ist des Menschen Herz bis es ruht in dir«, Conf I. 1); Papst Gregor der Große (gest. 604) mit der Tiara und der Taube des Heiligen Geistes. Die Aufnahme zeigt den vierten, den heiligen Hieronymus (gest. 420) mit Buch und Totenschädel, Zeichen seiner Askese und seiner Gelehrsamkeit sowie als Übersetzer der bis zur neuesten Zeit gültigen Fassung der lateinischen Bibel, der Vulgata. Der dekorative Kardinalshut ist doppelt unhistorisch: Es gibt ihn erst seit dem 13. Jahrhundert, und Hieronymus war sein ganzes Leben lang einfacher Priester und Mönch. Als »Pfeiler der Kirche« stehen die überlebensgroßen Kirchenväter in der Wies vor den Doppelsäulen des Gemeinderaums; als Diener der Kirche fallen sie zunächst nur wenig auf, und sind doch durch Stellung, Gestalt und Haltung wichtige Elemente der ganzen Kirche. Ihr Schöpfer ist der Tiroler Anton Sturm (1690–1757), der in Donauwörth lernte und sich 1721 in Füssen niederließ; seine Arbeiten finden sich in vielen Kirchen Nordtirols und Schwabens, die wichtigsten in Füssen, Ottobeuren und an seinem Lebensende in der Wies. Die Figuren sind statuarisch, vom Raum her gedacht. Sie verbinden die Säulen, sind durch den typischen Hüftknick Sturms rhythmisch aufeinander bezogen, andererseits betonen Bischofsstab, Bischofshut und Tiara die Vertikale, vor allem durch die goldene, handwerklich besonders feine Fassung der Gewandborten, der Attribute und der Kopfbedeckungen durch Thaddäus Ramis (1759). Die Figuren Sturms sind großflächig geschnitzt, und erst die weißdifferenzierte Fassung verleiht den so lebendigen Ausdruck. Die Haltung des Kopfes und die für Sturm charakteristischen Korkenzieherbärte passen zu den Charakteren, und im wandernden Licht gewinnen die Gesichter ihre ganze Ausdruckskraft. 36

Heiliger Hieronymus von Anton Sturm (1754)

Die Seitenaltäre werden in der Literatur eher abwertend behandelt, und ihre vornehme Schlichtheit wird aus den Finanzschwierigkeiten erklärt, in die der Bau der Kirche das Kloster getrieben habe (in Wirklichkeit waren es eher die großen Ausgaben im Kloster und in der Klosterkirche!). Der Türkheimer Dominikus Bergmüller hat die viersäuligen Aedicularetabeln mit schlichtem Sockel und reichem Auszug entworfen, Thaddäus Ramis hat sie 1759 hervorragend gefaßt. Der Aediculabogen findet eine schöne Fortsetzung über der Ranke an den Fenstern. Die Altarbilder stammen von Josef Mages (die büßende Magdalena 1756) und dem berühmten Augsburger Akademiedirektor, Johann Georg Bergmüller (die Reue des Petrus 1756). Die Altäre wollen und dürfen dem Chor keine Konkurrenz machen; ihr Gewicht erhalten sie von ihrem Thema und ihrer Funktion, die ganz auf das Gesamtprogramm abgestimmt sind: Passion, Reue, Buße und Erlösung. Der nördliche Allerseelenaltar verspricht dem Büßer die Hoffnung auf die Aufnahme in den Schoß Abrahams, der im Auszug thront (Lk 16,23). Die enge Verknüpfung der Seelen im Fegfeuer mit dem Kerkerchristus und dem Wiesheiland ist vielfach belegt. Die Altarfiguren von Anton Sturm, Magdalena und Margaretha von Cortona, werden als Büßerinnen dargestellt. Im Auszug verehren zwei Engel Abraham. Am südlichen Bruderschaftsaltar wird in der jährlichen Votivmesse der verstorbenen Brüder und Schwestern gedacht. Die Figuren des heiligen Norbert mit der Monstranz und des heiligen Bernhard verbinden den Altar mit Kloster und Wieswallfahrt: jener war der Gründer des Prämonstratenserordens, und der Zisterzienser Bernhard ist der große Visionär des frühen 12. Jahrhunderts, dessen Verehrung der Leiden Christi die Hauptquelle der Passionstheologie und Kunst bis ins 18. Jahrhundert ist. Im Auszug thront die Hagia Sophia, die Mutter der Weisheit, mit einem Szepter und dem Auge Gottes, die Norbert in einer Vision schaute. Die Farbe der Altäre ist genau auf den Gnadenaltar abgestimmt; die Technik des zurückhaltenden Stuckmarmorglanzes der Faßmalerei wurde bei der Restaurierung 1990 neu entdeckt und perfekt angewendet.

Wenn der Wallfahrer sich auf den Heimweg macht, blickt er vor dem Verlassen der Kirche auf einen eleganten Orgelprospekt und darüber auf das »Tor der Ewigkeit«, das Gegenstück zum Richterthron über dem Chor. Die Orgelempore liegt über dem Vorzeichen und schwingt sich zwischen den beiden letzten Pfeilerpaaren in den Raum. Mit der Orgel wurde 1757 die Einrichtung der Wieskirche im wesentlichen abgeschlossen. Sie wird jetzt Johann Georg Hörterich aus Mindelheim zugeschrieben (Brenninger). Das Werk wurde 1928 und 1959 weitgehend erneuert. Die Orgel ist eine mechanische Schleifladenorgel, dreimanualig mit 42 Registern. Die Rolle der Musik in der Wies wird aus den Säkularisationsprotokollen deutlich: der Kommissar konnte ein Stradivari-Cello und eine Viola des Mittenwalder Geigenbauers Steiner mitnehmen. – Das Tor der Ewigkeit führt dem Pilger beim Verlassen der Kirche noch einmal den Sinn seiner Wallfahrt vor Augen: »Ich bin die Tür«, spricht Jesus (Joh 10,9). Noch ist das Tor geschlossen, noch ist Zeit zur inneren Umkehr. Aber das Ende der Zeit ist nahe: der Gott Chronos ist gestürzt, sein Stundenglas liegt am Boden. Der Uroboros, das ägyptische Ewigkeitssymbol, die Schlange, die sich in den Schwanz beißt, bekrönt das Tor über der Kartusche mit dem Vers der Offenbarung »Tempus non erit amplius«, »Und Zeit wird nicht mehr sein« (10,6). Links erscheint der Engel der Offenbarung mit dem geöffneten Buch, den einen Fuß auf dem Meere, den anderen auf der festen Erde, die Hand zum Schwur erhoben. Das Fresko zeigt den letzten als Bild darstellbaren Augenblick. Was danach kommt, kann nur gedacht, nicht mehr gemalt werden. Wenn der Besucher die Wieskirche verläßt, liest er die Inschrift »Dominicus Zimerman, Baumeister v: Landsperg«. Neben dem Portal hängt ein Votivbild von Zimmermann (Original im Museum): Der kniende Dominikus, in der Amtstracht des Landsberger Bürgermeisters, blickt hinauf zu seinem Namenspatron und zum Wiesheiland. Und an der Stelle, wo sonst Unfall oder Krankheit im Votivbild verzeichnet sind, steht die Wieskirche: Nur mit Hilfe des Gegeißelten konnte er sein Werk vollenden. 40

Der Nordtrakt des U-förmigen Priesterhauses diente fünf (später sechs) Prämonstratenserpatres, welche die Wallfahrt ständig betreuten, als Wohnung; der Südtrakt umfaßte Gästezimmer des Klosters und den Wohnraum des Abtes, den sogenannten Prälatensaal. Der Bau ist ohne großen Aufwand errichtet worden, doch zeichnet sich das schmucklose Treppenhaus durch seine hervorragenden Proportionen aus. Der sogenannte Prälatensaal im zweiten Stock ist trotz der verhältnismäßig geringen Abmessungen (8 × 5,60 m) durch seine Stuckdekorationen »in die erste Reihe der profanen bayerischen Rokokoschöpfungen« zu stellen (E. Ch. Vollmer). Die Stukkaturen sind Dominikus Zimmermann persönlich zuzuschreiben, der hier eines seiner schönsten Werke schuf. Die Mitte der Saaldecke ziert das unierte Wappen des Abtes Marian Mayr und des Klosters Steingaden. Beide Wappen erscheinen auch am Chorbogen der Wieskirche. Auf dem umlaufenden Stuckprofil bauen sich im Norden und Süden Kartuschen aus feingliedrigem, fast züngelndem Stuck auf, in denen zwei plastische Szenen spielen: Putten jagen und fischen in Landschaften, die manch realistisches Detail enthalten; das chinesische Schirmchen des einen Putto erweist seinen Besitzer als ganz auf der Höhe der Mode befindlich. Die Heiterkeit dieser Rokoszene setzt sich in den Ornamenten fort, die den Raum umspielen. Realistische Tatzen auf den Profilen gehen in den Kopf eines Phantasietieres über, das Wasser in abstrakte Stuckformen speit, in denen und aus denen Pflanzen und Ranken entspringen. Im Unterschied zur Kirche mit ihren durch Vergoldung abstrakten Schmuckformen sind hier die Vögel und Blumen ganz realistisch gestaltet und farbig gefaßt. Die ineinander übergehenden Motive und Ornamente machen es schwer, einen Ausschnitt im Bild zu isolieren. Die Putten aus der »Jagdkartusche« zeigen Zimmermanns Meisterschaft in der figürlichen Gestaltung. Man erkennt auch, wie genau der Künstler beobachtete und in die Phantasiewelt der reinen Ornamente und Putten Details des täglichen Lebens einfügte: das Brot mit dem Messer, einen Becher und ein Holzfäßchen, wie man es früher aufs Feld mitnahm.

»Jagd«
von
Dominikus
Zimmermann
im
Prälatensaal
des
Priesterhauses
(um 1749)

Anders als viele große Wallfahrtsorte besitzt die Wies keine Schatzkammer mit künstlerisch wertvollen Votivgaben und Geschenken der Gläubigen. Die Säkularisation von 1803 hat die alten Schätze vernichtet, das Silber eingeschmolzen, das Stradivari-Cello und vieles andere nach München weggeführt. Und die Silbervotive des 19. Jahrhunderts wurden 1905 verkauft, um ein wenig Geld für die Restaurierung zu erlösen. – Das Museum soll die erhaltenen Originale sichern, wie das große Votivbild, das Dominikus Zimmermann 1757 zum Dank für die Vollendung der Kirche malte, und sein Aquarell der Kirche, das wohl in seiner Bauhütte hing. Für die Kirche hat der jetzige Kustos der Wies, Monsignore Georg Kirchmeir, systematisch Kopien anfertigen lassen. Das Museum will auch eine möglichst vollständige Dokumentation der Entstehung, der Ausbreitung und der heute lebendigen Wallfahrt aufbauen. Die Wies bietet die seltene Gelegenheit, eine Wallfahrt der Aufklärung sozusagen unter dem Mikroskop beobachten zu können. Aus schriftlichen Quellen des 18. Jahrhunderts, aus den Bildzeugnissen und dem Verfolgen von Wallfahrtswegen und sogenannten Sekundärwallfahrten können Ausbreitung, Größe und Gehalt dieser Wallfahrt rekonstruiert werden. Zu den uns menschlich tief bewegenden Zeugnissen gehören die wohl einmaligen »Verkündzettel« des 18. Jahrhunderts, mit denen Menschen aller Stände ihre Anliegen dem Wiesheiland anheim gaben. Um 1980 ist in der Wies erneut der Brauch entstanden, mit Verkündzetteln Anliegen unserer Zeit im Umgang der Kirche niederzulegen. Das Museum zeigt eine Auswahl aus den Tausenden von Zetteln, erschütternde Zeugnisse für das Leid im späten 20. Jahrhundert, das nicht die Ärzte heilen können, sondern nur das Vertrauen auf den »göttlichen Wundarzt in der Wies«. Die Dokumentation von Wieskapellen und Kopien des Wiesheilands ist eine Aufforderung an die Besucher, Lücken zu füllen, und schon manch schöner Beleg ist auf diese Weise aufgetaucht. Der Mittelpunkt des Museums ist die Figur der Bruderschaft, die vermutlich im Jahre 1803 vor dem Säkularisationskommissar versteckt wurde und der Vernichtung entging.

44

Aus der Devotio, der Andacht und Verehrung, wächst die Hoffnung auf Erhörung, auf Gnaden und Guttaten. Aus der Hoffnung entspringt das Gelübde, das »Verloben« (»votum«), und seine Erfüllung wird am Gnadenort durch ein wort- oder bildhaftes Zeichen »ex voto« kundgetan. Votivbilder sind die wichtigsten Bildzeugnisse einer Wallfahrt. Sie bieten durch ihren Realismus Einblick in das tägliche Leben vergangener Zeit und sind eine Hauptquelle für die Wallfahrtsgeographie und die Geschichte der Volksfrömmigkeit. Bis 1746 wurden in der Wieskapelle schon 800 Votivtafeln aufgehängt, 1779 zählte man 12000 Votivgaben; der Chor konnte sie schon 1749 nicht mehr fassen. Im 19. Jahrhundert wurden sie ein Opfer des Zeitgeschmacks: Tausende von Votivtafeln hat man verbrannt. Einige haben sich in der Umgebung erhalten, in der Wies ist fast nichts geblieben, außer den Bildern der Familie Zimmermann und einem, das in der alten Kapelle verblieben war. – Für unsere Zeit ist es offensichtlich schwer, Anliegen in einem Votivbild auszudrücken; allzuoft bleibt die gewollt »naive« oder »moderne« Darstellung hinter der Absicht zurück. Ein schönes und gelungenes Votivbild aus der jüngsten Zeit ist das »Abiturbild«, wie wir es vielleicht nennen dürfen. Es ist wohl von dem rechts sitzenden Mädchen gemalt worden. Bemerkenswert ist nicht nur das technische Können, mit dem in starken Farben die Situation eindringlich dargestellt wird: Die charakteristischen Stühle und die Klapptafel einer modern eingerichteten Schule, der nachdenklich auf die Hand gestützte Kopf der Schülerin mit dem Blick zum Wiesheiland. Dessen Transzendenz ist wie auf den alten Bildern durch das Blau des Himmels und den Wolkenkranz von der irdischen Welt des Schulzimmers klar abgegrenzt, reicht aber ebenso deutlich in sie hinein. Beim Wiesheiland dieses Votivbildes fehlt der Knoten; von 1947 bis 1988 trug er das hier abgebildete herabfallende Lendentuch. Die Anliegen Erziehung, Schule, Studium sind die häufigsten in den Verkündzetteln unserer Zeit: Zeugnis für die Unfähigkeit des ausgehenden 20. Jahrhunderts, mit elementaren Problemen der Gesellschaft zurechtzukommen. 46

Votivbild »Abitur« im Museum (20. Jh.)

EX VO
TO
1976

Als die Wallfahrt zum Gegeißelten Heiland auf der Wies aufgeblüht war, da »fanden sich alsbald von verschiedenen weit entfernten Orthen eifrige Christen, welche verlangten, in einer besonderen zu Verehrung Jesu des Gegeiselten aufgerichteten Bruderschaft versammlet und eingetragen zu werden«. Eusebius Amort aus dem Kloster Polling entwarf auf Bitte des P. Magnus Straub 1754/55 eine Satzung. Die Bruderschaft wurde am 6. August 1755 durch Papst Benedikt XIV. »verliehen« und am 12. Oktober 1755 durch Bischof Joseph von Augsburg feierlich »promulgiert«, d. h. öffentlich verkündet. Bis heute wird am 2. Oktobersonntag das Fest der Bruderschaft gefeiert. Aus den wenigen erhaltenen Quellen läßt sich ein sprunghaftes Anwachsen der Bruderschaft ablesen, für die Zeit von 1755 bis 1768 schon eine Zahl von 45 000 Mitgliedern aus allen Ständen und vielen Ländern. Beim Bruderschaftsfest am 9. Oktober 1983 wurde die Bruderschaft durch Bischof Josef Stimpfle von Augsburg wiederbelebt. Die Bruderschaft, zu deren Mitgliedern Geistliche und Bauern, Intellektuelle und Arbeiter zählen, besucht jedes Jahr mit einer Wallfahrt eine andere Wieskirche oder Wieskapelle; sie organisiert die jährliche Fußwallfahrt von Dillingen zur Wies, wo die Wallfahrer am Freitag vor dem Schutzengelfest feierlich »eingeholt« werden. Bei der Prozession am Bruderschaftsfest gehen die Mitglieder hinter ihrer Figur des Wiesheilands, die von vier Bauern der Nachbarhöfe getragen wird. Vorangetragen werden das 1987 von F. B. Weißhaar geschaffene Bruderschaftskreuz und der alte Bruderschaftsschild, dessen rote Buchstaben das Chronogramm des Gründungsjahres 1755 ergeben. Das Bruderschaftsfest dokumentiert am sinnfälligsten die Kontinuität der Wallfahrt zum Gegeißelten Heiland. – Die Wies zieht nicht nur den katholischen Pilger in ihren Bann; sie vermittelt ihr Thema »Leid und Hilfe« an alle Menschen. Abt Marianus hat ihr Wesen und ihre Wirkung formuliert, als er unter Anspielung auf Augustinus in eine Fensterscheibe (Original im Museum) des Prälatensaales ritzte: »Hoc loco habitat fortuna hic quiescit cor«, »An diesem Ort wohnt das Glück, hier findet das Herz seine Ruhe«. 48

IV. Umschlagseite:
Vortrageschild
der
Bruderschaft
von
B. Ramis (?)
(1755)